MÈMOIRE

SUR

UN PROJET DE VOIE FERRÉE

TRAVERSANT EN TUNNEL

LE

MASSIF DU MONT-BLANC

PAR

MM. Philippe STEPHANI, *Ingénieur Civil*

Maurice PICQUET, *Ancien Elève de l'Ecole Polytechnique, Ingénieur Conseil.*

PARIS

IMPRIMERIE V. KOLLER

14, RUE FAVART & 16, RUE SAINT-AUGUSTIN

(1907)

MÈMOIRE

SUR

UN PROJET DE VOIE FERRÉE

TRAVERSANT EN TUNNEL

LE

MASSIF DU MONT-BLANC

PAR

MM. Philippe **STEPHANI**, *Ingénieur Civil*

Maurice **PICQUET**, *Ancien Elève de l'Ecole*

Polytechnique, Ingénieur Conseil.

PARIS

IMPRIMERIE V. KOLLER

14, RUE FAVART & 16, RUE SAINT-AUGUSTIN

(1907)

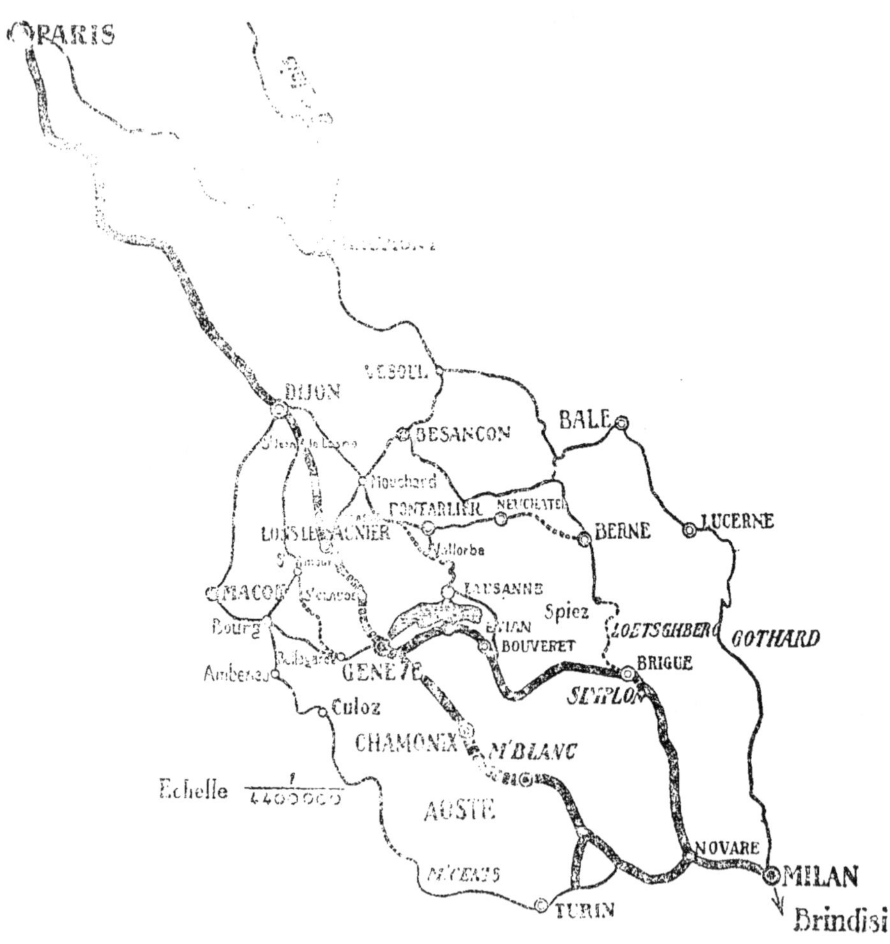

ligne Paris-Genève-Turin-Milan, tronc existant.

» » » » » tronc a construire.

autres lignes existantes.

» » a construire.

MÉMOIRE

SUR

UN PROJET DE VOIE FERRÉE

TRAVERSANT EN TUNNEL

LE

MASSIF DU MONT-BLANC

PAR

MM. Philippe STEPHANI, Ingénieur Civil,

Maurice PICQUET, Ancien Elève de l'Ecole Polytechnique.

Ingénieur-Conseil.

CHAPITRE PREMIER

Historique des Voies Ferrées à travers les Alpes

De toutes les questions qui intéressent à l'heure actuelle la vie économique des nations, il n'en n'est pas de plus importante que celle de la rapidité des transports.

La création des voies et moyens de communications, le développement des relations commerciales et industrielles, forment le constant souci des peuples modernes.

Bien que les diverses nations européennes se soient laissées entraîner à un protectionnisme quelquefois exagéré en matière d'échanges commerciaux, le progrès des idées modernes, l'étude des intérèts réciproques, d'une part, les découvertes scientifiques appliquées à l'industrie, l'activité du capital et du travail, d'autre part, tendent à resserrer chaque jour davantage les liens des peuples.

Les voies ferrées sont plutôt destinées aujourd'hui au transport, dans les contrées les plus éloignées des idées de progrès, de civilisation, de travail et de paix, qu'au transport de masses armées.

Avant la création des chemins de fer, l'Italie se trouvait absolument séparée du reste de l'Europe occidentale et centrale par une barrière circulaire de montagnes.

De tout temps les préoccupations des Italiens ont été de traverser dans les meilleures conditions ces chaînes de montagnes; chaque vallée, correspondant presque toujours à un col, devint d'abord le tracé d'une route longue, montueuse, et serpentine. Cette route, franchissant le col se continuait de l'autre coté de la montagne et faisait communiquer les pays voisins.

Quand les chemins de fer furent établis un peu partout on ne vit pas la possibilité de leur faire autant de passages qu'il y avait de routes. Une voie ferrée ne peut pas monter aussi haut qu'une route ordinaire, cette voie est soumise à des conditions déterminées de rampes et de courbes par suite de son exploitation par des trains que remorquent des machines de puissance encore limitée. Ne pouvant arriver à franchir l'obstacle, on fut obligé de le percer.

Mais les travaux de percement étant très coûteux, le nombre des tunnels fut limité. C'est vers 1860 que furent déposés les premiers projets de percement des Alpes.

La France qui s'est toujours laissée séduire par les entreprises grandioses devait donner l'exemple. Le percement du Mont-Cenis fut un premier succès. Après de longs et pénibles travaux le tunnel du Fréjus était inauguré dans le mois d'octobre 1871, forçant l'admiration du monde entier. Ce tunnel qui mesure 12.800 mètres était la plus grande entreprise de ce genre qui ait été exécutée jusqu'alors.

Le point culminant du souterrain est marqué par la cote de 1294 mètres, la rampe maximum est de 22 0/0.

Bientôt après M. Godin de Lepinay, Ingénieur en chef des

Ponts-et-Chaussées, déposa un projet de percement du Mont-Blanc. Toutefois ce projet ne fut pas mis à exécution bien qu'il eut conquis l'opinion publique. Celle-ci l'appréciant et le désirant par l'évidence des avantages qu'il était appelé à apporter aux relations internationales, et par la conviction que cette construction comporterait une dépense relativement limitée par rapport à celles faites ou à faire pour les autres passages à travers les Alpes.

Le Gothard qui avait la préférence de l'Allemagne et de l'Italie fut adopté par une convention conclue à Berne le 15 Octobre 1859, entre la Suisse, l'Italie, l'Allemagne du Nord, le Grand duché de Bade et le Wurtemberg.

Cette adoption suscita en France de violentes manifestations. On vit à Paris, d'un mauvais œil, l'Allemagne fortifiée au lendemain de Sadowa, tendre à travers les montagnes de la Suisse libre et neutre une main de fer à l'Italie régénérée.

Dans la Séance du 20 Juin 1870, à la Chambre, Jules Ferry accusa le Ministère de n'avoir su veiller ni à l'intérêt de la France, ni au salut de la Suisse.

Ces manifestations n'empêchèrent pas cependant le percement du Gothard qui, commencé le 13 Septembre 1872, fut ouvert à l'exploitation le 1er juin 1882. La longueur du Gothard est de 14.981 mètres, l'altitude du point culminant 1154 mètres, la rampe maxima dans le tunnel 5.82 0 0.

Le Gothard était à peine livré à l'exploitation que l'attention de l'Italie et de la Suisse se tournait vers le Simplon.

Dès que cette question fut agitée, la France tenta en vain, une réparation aux dommages causés par le Saint-Gothard, en cherchant à aider la nouvelle entreprise du Simplon. Mais la Chambre refusa toujours son concours (avec juste raison d'ailleurs), prétextant que le tunnel du Simplon n'était pas favorable aux intérêts français, parce que le chemin de fer de la vallée du Rhône, de Saint-Maurice à Brigue et le tunnel de Brigue à Iselle sont tout à fait en dehors des confins de la France. De sorte que l'entreprise du Simplon fut exécutée sans le concours financier de la France.

L'œuvre gigantesque du Simplon est une des plus grandioses

parmi celles que l'homme ait jusqu'ici entreprises contre la nature.

Les travaux du Simplon commencés le 1er Avril 1898 furent terminés le 24 Février 1905 et le tunnel fut livré à l'exploitation le 1er Juin 1906.

Le tunnel comprend deux galeries parallèles de 5 mètres chacune. L'idée de deux tunnels parallèles à simple voie n'était pas inédite, mais l'entreprise Brandt Brandau et Cie s'était proposée d'en faire un usage tout à fait neuf et ingénieux qui résoudrait dans l'avenir, les pires difficultés rencontrées jusqu'à présent dans le percement des grands tunnels. Pour saisir l'avantage de ce procédé, il faut se rendre compte que l'on a pu percer simultanément, grâce aux perforatrices hydrauliques, Brandt, deux galeries parallèles à une distance de 17 mètres d'axe en axe.

Le tunnel mesure 19730 mètres. Il passe sous le Mont Leone[1] et débouche sur le versant italien dans la vallée de la Diveria affluent du Toce à 531 mètres d'Iselle. La tête Nord placée aussi bas que le permettent les hautes eaux du Rhône est à l'altitude de 687 mètres, La tête Sud à celle de 633 mètres.

Le point culminant du souterrain est marqué par la cote 705 et se trouve dans l'intérieur de la montagne, dispositif qui facilite l'écoulement des eaux.

La pente du tunnel est de 2 % sur le versant Sud. Ces conditions sont en général plus favorables que celles des autres tunnels des Alpes[2].

Les dépenses des travaux se sont élevées à plus de 80 millions de francs.

Les pourparlers et les négociations provoqués par la question du Simplon ont duré de 1854 à 1898. Ils furent très laborieux et un volume serait à peine suffisant si on voulait les raconter tout au long.

Il y aurait aussi des faits intéressants et inédits à relever dans la période des pourparlers avec la France.

La Société " Jura-Simplon " qui a confié l'exécution des travaux à l'entreprise Brandt Brandau et Cie, se procura au moyen d'un emprunt la somme de 60 millions, les autres 20 millions furent couverts, (pour 16 millions par des sous-

---

[1] Altitude du Mont Leone 3534 mètres.
[2] Mont Cenis 22 0/0.   Saint-Gothard 5.82 0/0.

criptions italiennes (provinces, communes et chambres de commerce), et pour 4 millions par des souscriptions suisses).

Mais il n'en était pas de même du Simplon comme du Gothard, dont le débouché pouvait être immédiatement desservi. Le Simplon s'ouvre, lui, au fond du long couloir formé par la haute vallée du Rhône, et c'est ainsi que se posa la question des voies d'accès à ce tunnel qui souleva de grandes difficultés et des discussions passionnées par suite des nombreux intérêts en jeu.

Divers projets de voies d'accès furent mis en avant. Actuellement en ce qui concerne la France la question est limitée à deux projets concurrents :

1o — Corrections diverses de la ligne du Nord (Frasne-Valhorbe) ;

2o — Raccourcissement de la ligne du Sud (Faucille).

Le projet de la Faucille est au point de vue de la commodité, celui qui résoudrait le plus favorablement la question des voies d'accès au Simplon. En effet la ligne projetée de Lons-le-Saulnier-Genève, dont la cote n'excède pas 559 et les rampes ne dépassent pas le 10 0/0, offrirait les meilleures conditions pour une ligne à grand trafic entre Paris-Genève-Milan. Mais son exécution présente de sérieuses difficultés. Cette construction exige le percement de trois longs tunnels représentant le total de 34 kilom. de travail souterrain, dans des roches calcaires fissurées se prêtant au travail intérieur des eaux, et la dépense étudiée par la Compagnie P. L. M., s'élèverait à 120.000.000 environ. Malgré ces sérieux inconvénients, il est indiscutable que cette ligne serait d'un intérêt capital, non envisagée au point de vue de voie d'accès au Simplon, qui ne profiterait qu'à Genève et aux chemins de fer suisses ; mais considérée comme voie d'accès au Mont-Blanc.

Quand au projet de Frasne-Vallorbe, outre qu'il ne supprime pas les inconvénients des transports pendant l'hiver sur les hauts plateaux du Jura, entre Mouchard et Pontarlier, il est évident qu'après le percement du Loetschberg tout le trafic passera par Pontarlier, Neuchâtel, Berne, au détriment du Frasne-Vallorbe, qui ne présente plus aucun intérêt.

Pendant qu'en France on se perdait en de vaines discussions pour savoir quel était le meilleur choix à faire entre la Faucille ou la Frasne-Vallorbe, la Suisse se décidait en faveur d'un troisième projet, celui du Loetschberg, offrant à son point de vue l'avantage de faire passer tout le transit par le cœur même de l'Helvétie et de doubler à son profit la ligne du Gothard. D'ailleurs ce projet était chaudement soutenu par l'Allemagne qui y trouvait le grand avantage de faire doublement relier Hambourg et Brindisi par deux grandes voies parallèles, traversant la Suisse du Nord au Sud. Tout le trafic de l'Italie vers le Nord et vers l'Allemagne empruntera ces deux grandes voies qui seront la route naturelle de tout le transit européen d'Hambourg vers Brindisi, les Indes et l'Orient.

Pour la Belgique, le percement du Loetschberg est d'une importance capitale. Toute réalisation d'une ligne à travers le Mont-Blanc aurait infailliblement détourné au profit de la France le transit actuel s'effectuant par la ligne de Bruxelles, Bâle, Gothard et dans quelques années celui de la ligne Anvers Bâle, Berne, Lœtschberg, Simplon. Le percement du Loetschberg donnera une importance plus considérable à la ligne belge et un essor nouveau au port d'Anvers, ainsi qu'à Rotterdam et Hambourg.

Seule, la France se trouve en quelque sorte mise à l'écart de cette grande route du monde qui était jusqu'ici son apanage et faisait son orgueil en même temps que sa force et sa richesse.

Restera-t-elle inactive et laissera-t-elle s'accomplir ce déplacement de l'axe commercial de l'Occident?

L'importance de cette solution du problème des voies d'accès au Simplon n'a pu échapper à ceux que préoccupent à juste titre les questions économiques, et il nous semble utile de rappeler, à ce sujet, les débats abondants que cette question d'intérêt économique international souleva dans ces dernières années et d'envisager les effets de cette nouvelle trouée à travers la gigantesque muraille des Alpes.

Au début on avait considéré le percement du Simplon comme la revanche française du Gothard, mais aujourd'hui on est forcé de reconnaître que le Simplon rendra plus actives les relations économiques entre l'Italie, la Suisse occidentale, l'Allemagne du Sud et la Belgique.

La France ne pourrait tirer une utilité appréciable du Simplon qu'en créant à grands frais à travers le Jura, de nouvelles voies d'accès aux lignes suisses se dirigeant sur le Simplon.

Depuis longtemps on envisage avec anxiété le tort que va nous causer la concurrence de ce nouveau Gothard. Ce dernier a enlevé aux lignes françaises tout le trafic de la vallée de la Moselle et de la Belgique. (D'après nos économistes les plus réputés le préjudice causé au commerce français par le Gothard dépasse à l'heure actuelle deux milliards).

L'ouverture du Gothard a eu une influence considérable pour la prospérité des ports belges et allemands. Il est certain que le Simplon deviendra une deuxième voie de pénétration en Italie à l'avantage principal de l'Allemagne.

Non seulement la ligne du Simplon doublée de celle du Loetschberg, beaucoup plus avantageuse que celles du Mont-Cenis et du Gothard, attirera à elle une grande partie de leur trafic, mais encore grâce à des tarifs plus avantageux et à des communications plus rapides, elle créera des courants nouveaux dont nos concurrents seront les premiers à en profiter.

Les Belges et les Allemands verront grâce à cette nouvelle voie augmenter dans de fortes proportions le chiffre de leurs échanges commerciaux.

Après le Simplon et l'ouverture prochaine du Loetschberg le percement du Mont-Blanc s'impose.

La France ne communique actuellement avec l'Italie que par deux lignes ferrées : la ligne du Littoral et le Mont-Cenis.

La nécessité d'une nouvelle ligne à travers les Alpes entre le Mont-Cenis et le Simplon se fait sentir. La mauvaise disposition géographique du Mont-Cenis met actuellement Paris dans la zône du Gothard. Quant à la ligne du Simplon, elle ne donne pas à la France un avantage bien marqué sur le Gothard. La distance de Paris à Milan sera de 817 kilomètres au lieu de 867.

La seule solution pour la France n'est donc pas de chercher à tirer utilité du Simplon en créant des voies d'accès; mais si elle a souci de ses intérêts économiques, elle doit s'efforcer de mettre à exécution le projet du Mont-Blanc qui constitue pour la France et les chemins de fer français, l'unique moyen de réparer le préjudice certain qui leur sera causé par le Simplon et le Loetschberg.

Seule la ligne du Mont-Blanc permettrait aux chemins de fer français de faire une concurrence efficace soit aux lignes du Gothard et du Simplon (trafic Anglo-Italien et Italo-Belge), soit à la voie en perspective **Ostende-Vienne-Salonique** (trafic de l'Angleterre en Orient et pour le service de la Malle des Indes).

Il ne faut pas perdre de vue que le Simplon ainsi que ses voies d'accès, sur un long parcours, sont sur un territoire étranger, tandis que le Mont-Blanc et ses voies d'accès du côté Nord sont sur territoire français.

Le Mont-Blanc aura avant tout l'avantage de mettre Gênes et Milan en communication très directe avec Dijon et Paris. Il ouvrira des débouchés nouveaux à des villes innombrables de France. C'est le Creusot qui pourra envoyer ses produits métallurgiques en Italie par une route qui ne sera plus celle de l'école buissonnière ; ce seront toutes les régions commerçantes, industrielles et agricoles du bassin de la Loire, de la Saône et de la Côte-d'Or qui pourront diriger tout droit leurs produits sur Gênes et Milan.

D'ailleurs par le Mont-Blanc viendront déboucher naturellement, non seulement le grand trafic de l'Angleterre et du Nord de la France passant par Paris, mais encore tout le trafic de l'Ouest et des grands ports de l'Océan : Le Hâvre, Brest, Lorient, Nantes, La Rochelle et Bordeaux. Le percement du Mont-Blanc c'est l'Italie et l'Orient mis en communication directe avec l'Atlantique et l'Amérique.

CHAPITRE II

Avantages du Mont-Blanc sur tous les projets de voies d'accès au Simplon

Dans tous les cas, la construction des lignes de voies d'accès au Simplon ne saurait être la dernière solution pour la France, laquelle a besoin d'ouvrir d'autres voies de communications à ses transactions avec l'Italie et l'Orient.

Il ne lui convient pas de diriger tout son trafic sur un parcours situé en partie sur territoire suisse.

Le protectionnisme qui s'est emparé des divers pays de l'Europe pourrait donner naissance à une guerre de tarifs de chemins de fer, et ce protectionnisme qui autrefois ne s'occupait que des tarifs douaniers s'étend aujourd'hui aux tarifs différentiels des chemins de fer.

Cela démontre que la France ne peut pas s'arrêter à la réalisation des voies d'accès au Simplon; dans l'intérêt de ses relations avec l'Italie et surtout au point de vue du transit entre l'Angleterre, les Indes et l'Orient, elle doit chercher une voie de communication directe, comme celle du Mont-Cenis, offrant de meilleures conditions que cette dernière pour la circulation des trains à grande vitesse.

La ligne la plus courte, la plus directe, la plus économique, réalisant les conditions voulues de rampes et de courbes : enfin la ligne idéale remplissant toutes ces conditions serait une grande voie à travers le **Mont-Blanc** de Genève à Aoste, qui, avec la construction de la **Faucille** ou de la **Saint-Amour Bellegarde**, constituerait la ligne la plus courte et la plus commode entre Paris, Turin, Gênes ou Milan.

Le pic du **Mont-Blanc** (Haute-Savoie), mesure 4810 mètres d'altitude et est situé entre deux vallées presque parallèles : au Nord, la vallée de l'Arve, au Sud, celle de la Doire.

Ces deux vallées opposées s'élèvent, en pentes très douces, contre le massif.

En examinant très attentivement les cartes topographiques de la région montagneuse du Mont Dolent, nous avons constaté que c'est au massif du Mont Blanc que la chaîne de faîte des Alpes présente sa base la plus mince relativement à sa hauteur, et que cette base minimum, qui correspond presque au point culminant de la montagne, n'a que 13.500 mètres à l'altitude de 1050 mètres.

L'idée du percement du **Mont-Blanc** est très ancienne. Cette idée paraît avoir existé même avant la création des Chemins de fer. En 1836, M. Vagneur parla de faire une **route sûre** de Courmayeur à Chamonix par une galerie sous le Mont-Blanc. Il fit le calcul du nombre de mètres cubes de roches à extraire et du prix que cette extraction devait coûter selon lui.

Huit ans plus tard, en 1811, M. Martinet, avocat et M. Alby ingénieur, reprirent l'examen du percement du Mont-Blanc et publièrent dans la *Feuille d'Aoste* des dissertations sur la matière; mais ce journal très peu répandu n'était pas en mesure de donner une très grande publicité à ce projet.

En 1816, M. le Chanoine Carnel s'en occupe à son tour de la même manière, mais il est détourné de cette idée, d'abord par une lettre du Général Dufour, ensuite par M. Martinet lui-même qui lui écrit : *des difficultés graves et nombreuses l'ont forcé de porter ses regards ailleurs pour le passage désiré des Alpes.*

Après 1817. l'idée du Mont-Blanc est comme enterrée et elle n'existe pendant 27 ans qu'à l'état de tradition ou de légende.

En vain, en 1852, M. Gorret, Chanoine, rappela ces diverses circonstances, inédites disait-il, dans un opuscule imprimé à Aoste, sous le titre de *Mémoire sur l'anthracite d'Aoste, suivi d'un autre mémoire sur les Chemins de fer;* (Ce titre n'était pas de nature à causer sensation).

En 1860, l'idée du percement du Mont-Blanc est reprise en France. Le Gouvernement Français, avait chargé M. Godin de Lépinay, ingénieur en chef des Ponts-et-chaussées, d'étudier les voies de communication avec le Piémont.

Plus tard, en 1870. M. Chandon sénateur de la Haute-Savoie, et M. Jules Philippe député du Jura, proposèrent le percement du Mont-Blanc. en faisant ressortir l'avantage, pour la France. d'avoir, sur son territoire, la nouvelle voie d'accès en Italie.

En 1873, M. Collet Maigret, Ingénieur en chef de la Haute-Savoie, chargé par le Ministère des Travaux Publics d'étudier le passage du Mont-Blanc. démontra que cette ligne était sous tous les rapports préférable à celle du Simplon, non seulement pour les relations de la France, de l'Angleterre et de la Belgique avec l'Italie et l'Orient mais surtout au point de vue de la dépense de beaucoup inférieure à celle exigée par la construction de cette dernière.

L'année suivante. en 1874, M. l'Ingénieur Stamm, présenta à la Société Industrielle de Mulhouse, un projet très intéressant sur le percement du Mont-Blanc.

En 1879, cette ligne fit l'objet d'une étude très sérieuse de la part des Ingénieurs italiens MM. Bonelli et Saccheri.

En 1881. la Chambre des Députés invitait le Gouvernement à faire étudier le plus tôt possible une ligne internationale à travers les Alpes et spécialement par le Mont-Blanc.

Cependant bien que les études faites jusqu'alors à ce sujet, fussent toutes en faveur de la construction de cette ligne, l'idée du percement du Mont-Blanc fut enterrée si bien que, dans l'énorme masse de travaux. de documents et de projets publiés sur l'ensemble des Chemins de fer des Alpes le nom du Mont-Blanc ne fut plus mentionné.

En définitive, l'idée avait été étouffée dans son germe par des intérêts contraires, et elle était *morte* abandonnée par ceux qui l'avaient conçue et cultivée.

Aujourd'hui la situation se présente autrement ; tandis qu'en France on discutait les divers projets de voies d'accès au Saimplon, nous nous sommes livrés consciencieusement à une étude sur les lieux, nous y avons joint les plans et profils d'un tracé très avantageux situé à 1050 mètres d'altitude.

Après avoir beaucoup vu, beaucoup mesuré, nous avons pu nous convaincre qu'il ne fallait pas s'effrayer en présence de ce majestueux **Mont-Blanc** ; que ce colosse serait bien plus facilement percé que *ne l'ont* été le Cenis, le Gothard et le Simplon ; que de Chamonix il fallait pénétrer dans la montagne, soit aux Houches, soit par le mur de la Côte, entre le glacier de Taconnaz et celui des Bossons, soit par le petit bois qui borde la rive droite de ce dernier, et sortir par les rochers situés entre le glacier de la Brenva et le village d'Entrèves, ou par un point voisin de Courmayeur.

Nous nous attendons à une foule d'objections sur ce tunnel. mais nous saurons bien y répondre.

Si nous ne nous arrêtons pas ici à ces objections, c'est parce que nous ne croyons pas opportun d'écrire, dès à présent, tout un volume pour défendre notre projet, alors qu'il nous importe avant tout de le faire connaître. Nous répondrons aux objections quand elles se seront produites.

CHAPITRE III

Considérations sur l'ensemble du Projet

Nous n'avons pas besoin de nous préoccuper ici de la ligne, qui de Chamonix doit aller à Genève ou à Bellegarde, ligne dont certainement plusieurs compagnies se disputeront la concession, ni des lignes d'accès du côté Italien dont le Piémont et la Ligurie assumeront certainement la construction. Nous devons nous préoccuper principalement des raisons qui démontrent la nécessité de la création d'un chemin de fer reliant Chamonix à Aoste.

On trouvera à la fin de ce mémoire, une description technique avec plan, du tracé *Chamonix-Aoste*.

Aoste est à 600 mètres de hauteur.

Le bas de Courmayeur à 1045 mètres.

De Chamonix à Aoste divers tracés pourraient être exécutés. Mais celui que nous donnons est le seul possible pour l'établissement d'une ligne internationale de grand trafic.

Notre tracé dont le grand tunnel mesure 13.500 mètres est le tracé qui donne les plus faibles déclivités ; de la voie d'accès, la ligne se lève à la pente de 12, 5 $^{m/m}$ jusqu'au dessus de Courmayeur dont la galerie longue seulement de 13.500 mètres établie à 1050 mètres de cote, passe sous la Dent du Géant et débouche dans la vallée de l'Arve un peu en aval de Chamonix. Le point culminant de ce tracé est à 1080 mètres dans le souterrain. Les courbes ont plus de 450 mètres de rayon. Les pentes ne dépassent pas 15 $^{m/m}$.

Le développement de la ligne de Chamonix à Aoste ne sera d'après notre tracé, que de 52 km. Au point de vue de l'exploitation, notre tracé est incontestablement le seul possible pour une ligne à grand trafic.

La question dominante dans une étude de chemin de fer entre Chamonix et Aoste est la percée du Mont Blanc, et les tracés deviennent la conséquence du choix de ses accès.

Du côté de la Doire, la rencontre des deux torrents sous Entrèves à la cote 1251 est un point obligé en plan sinon en hauteur.

La vallée est largement ouverte et on y trouvera de grandes facilités pour les gares et les ateliers ou pour les puits d'alignement du souterrain.

La vallée de la Doire offre sur toute la longueur des flancs rapides; jusqu'à Equiliva, à 17 km. d'Entrèves, il n'y a pas d'aplomb bien considérable ; le fond de la vallée est dans d'excellentes conditions de pente et de courbure : son inclinaison est de 0 m. 17 en moyenne entre Pré-Saint-Didier et Equiliva.

En ce point la rivière prend le défilé de *Pierre-Callée* ; ses rives sont en aplomb sur de grandes hauteurs, principalement sur le côté gauche qu'il serait impossible d'aborder autrement qu'en souterrain. La gorge est très étroite ; la pente dans le défilé jusqu'à Liverogne est de 22 m/m.

Sur le revers italien, deux systèmes sont possibles : on peut accepter 1235 pour hauteur mais au-dessous, le val de la Doire descend à 5 % presque en ligne droite sur 5 kilomètres et rachète ainsi 150 mètres pour continuer avec une incli_naison moyenne et constante de 19 m/m sur 15 kilomètres.

De cette façon avec une pente de 20 m/m on se trouverait logé dans les flancs de montagne à 150 mètres au-dessus du cours d'eau sur une longueur de 15 kilomètres et l'on arriverait à atteindre le fond jusqu'à l'extrémité du projet.

Il semble donc préférable de prolonger le souterrain sous le val de la Doire.

Le terrain s'y prête parfaitement à cause de la rectitude de la vallée, qui permet au tracé d'en suivre presque rigoureusement le thalweg, et d'avoir par conséquent partout des pentes de profondeur minimum, en même temps les chutes continues du puissant cours d'eau y feraient employer des forces hydrauliques à toutes les ouvertures.

Dans ce système, la sortie est indiquée à l'aval de l'avalanche de Grammont.

Ce point est également la fin des parties peu solides dans leurs bases de la moraine, sur laquelle sont situés les villages de Courmayeur et Verraud.

Il est placé à la côte 1010 et exige un souterrain de 4.800 mètres en addition au souterrain sous montagne, mais il rachéterait 225 mètres de hauteur.

Avec un puits maximum de 183 mètres sous la côte 125 on se tiendrait à 1070 mètres, d'où on pourrait atteindre la vallée de l'Arve à toute hauteur.

Il n'en serait pas de même si l'on sortait à la cote 1235 mètres sur le versant italien avec 13.000 mètres de longueur en pente vers l'Arve. On devrait y placer les entrées à 1.035 pour l'inclinaison de 16, répondant à la pente extérieure de 20, et 1.100 mètres environ pour l'inclinaison de 10 repondant à la pente extérieure de 12,5.

Ces conditions déterminent le choix des entrées de l'Arve.

Il en existe trois au Mont-des-Pélerins, au Mont-des-Bossons et au Mont-de-Taconcaz.

Le fond du thalweg au droit de ces points à une inclinaison d'environ 12 %, les cotes varient de 1.020 à 990 et la montagne s'élève de 100 mètres sur 1 kilomètre.

CHAPITRE IV

Avantages de la ligne Aoste-Chamonix sur celle de Turin-Martigny

Ainsi que nous l'avons fait ressortir plus haut, la ligne du Simplon va enlever au Mont-Cenis une grande partie de son trafic. La diminution du mouvement du Fréjus sera beaucoup plus préjudiciable au Piémont et à la Ligurie qu'à la France, laquelle trouvera toujours une légère compensation dans le Simplon.

Le Piémont et la Ligurie ont donc un grand intérêt à chercher à avoir une ligne directe avec la France établie dans des conditions telles qu'elle permette la circulation des convois les plus rapides.

Le Conseil Provincial de Turin et le Ministère des Travaux Publics italien se sont occupés, il y a quelques années d'un nouveau projet présenté par M. l'ingénieur Radcliff Ward. Ce projet consistait en un chemin de fer électrique entre Turin et Martigny.

Le projet de l'ingénieur Ward comprend une ligne qui irait

de Turin à Cuorgné par Front et Valperga ; elle monte à Pont-Canovèse et à Ronco, parcourt en galerie un côté du Grand-Paradis de Torzo à Lilla ; touche Cogne, Morgex, Pré-Saint-Didier, Courmayeur, Pré de Bar, traverse en tunnel le col Ferret, débouche à Oxerre et arrive enfin à Martigny dans la vallée du Rhône.

Le parcours total de cette ligne serait de 157 kil. avec une pente de 0,50 0/0 ; elle comprendrait 30 kil. de galerie et la dépense est évaluée à plus de 150 millions.

Malgré tous les avantages que ce projet peut présenter, il est bien loin d'offrir les conditions avantageuses du Mont-Blanc ; avec ses fortes pentes, cette voie à traction électrique ne pourra jamais être considérée comme une ligne à grand trafic capable de faire une concurrence sérieuse au Simplon. Il est évident que cette ligne ne pourra jamais avoir pour le trafic général un avantage comparable à celle du Mont-Blanc.

De ces deux projets, le Mont Blanc est à tous les points de vue préférable.

La *Turin-Martigny*, outre la dépense beaucoup plus élevée dont il faut tenir compte, est plus longue, plus sinueuse, à des pentes excessives, 50 m/m au lieu de 12,5, et une cote plus élevée.

En tenant compte de toutes ces dispositions de tracé, de distance, de cote et de pentes, les frais d'exploitation seront plus élevés et la durée du trajet plus longue. Les pentes des lignes influent beaucoup sur les frais d'exploitation, sur la vitesse des trains et la charge des convois, il faut par conséquent les faire entrer en ligne de compte en augmentant la longueur réelle de la ligne d'une quantité proportionnelle au degré d'inclinaison de la voie. On calcule ainsi : pour des pentes de 15,1 à 20 m/m, l'augmentation est de 60 0/0 ; et, pour des pentes de 20,1 à 25 m/m, elle est de 80 0/0. En ajoutant cette augmentation à la distance réelle on obtient la distance virtuelle.

D'après ces données, on se rend facilement compte que la ligne par le Mont Blanc sera la plus courte comme distance, pour être parcourue à grande vitesse, ayant sur toute sa longueur des pentes très faibles et des courbes à grand rayon.

Il faut considérer en outre, que la *Turin-Martigny* devant être à traction électrique la dépense de construction par kilom. sera supérieure à celle dont nous avons parlé plus haut ; l'installation d'une ligne électrique coûte bien plus cher que la construction d'une ligne à vapeur.

De plus la ligne du Mont Blanc est supérieure à la Turin Martigny, au point de vue de la direction du trafic. Les plus grandes transactions entre la France et l'Italie pour les échanges de transit avec la Belgique, la Hollande et l'Angleterre doivent avoir comme champ intermédiaire, la Suisse française.

La ligne la plus courte et la plus directe pour le grand mouvement européen de Paris à l'Italie, passe par Turin qui a derrière lui toute l'Italie péninsulaire et le trafic de l'Orient.

La direction générale du mouvement passant par Paris est marquée par deux lignes qui passent par Milan et Gênes. La ligne par Milan se poursuit par Bologne, Bari et Brindisi en suivant la côte Adriatique. Celle par Gênes, suit la côte méditérranéenne jusqu'au détroit de Messine, en traversant les plus grandes villes du royaume : Turin, Gênes, Florence, Livourne, Rome, Naples. Messine, Palerme.

Pour faciliter l'important trafic de ces lignes, il faut chercher la ligne la plus directe entre Turin et Paris. Vouloir aller de Gênes à Paris en passant par Turin, Martigny, Lausanne, Pontarlier, c'est vouloir suivre un chemin d'écolier.

On est forcément obligé de reconnaître que, si l'on veut faciliter et activer les relations entre la France et l'Italie, la ligne Turin-Mont-Blanc-Genève-Dijon, est supérieure à tous les autres projets étudiés jusqu'à présent ; en ce qui concerne la facilité de construction, les frais d'installation, les pentes et les courbes, l'abrègement du trajet et enfin la direction du trafic.

CHAPITRE V

Conditions générales et financières

Le chemin de fer du Mont-Blanc devrait être établi moitié sur territoire italien et moitié sur territoire français. L'Italie qui a largement contribué au percement du Gothard et du Simplon ne refusera certainement pas son concours au Mont-Blanc, d'autant plus que cette voie est d'une importance capitale pour elle ; nous pourrions même dire d'une nécessité absolue pour Turin, le Piémont et Gênes.

D'autre part, la ville de Genève ne refuserait pas son concours, car dans la construction de cette ligne elle y trouverait le moyen de réaliser enfin son ambition séculaire d'étape naturelle et dès lors presque obligée pour les voyageurs se rendant de Dijon, Paris et au-delà, en Italie, ou vice-versa· (Dans le cas où Genève refuserait son concours on n'aurait qu'à faire suivre à la voie d'accès du côté nord une ligne intérieure à la frontière, de façon à laisser l'Helvétie en dehors d'un immense rayon d'action.)

Au point de vue locale, le percement du Mont-Blanc mettrait en communication directe trois populations parlant la même langue. Par là, l'Italie enrichirait la vallée d'Aoste dont les importantes ressources minières trouveraient un écoulement facile vers des bassins houillers de l'Ouest; la France ferait quelque chose pour ces populations si intéressantes du Faucigny et du Chablais.

Quant à la ville de Genève, son intérêt ne saurait être mis en doute. Sa prospérité participerait à la fois des développements économiques des localités qui l'avoisinent, et des avantages de nouvelles relations internationales dont elle serait un centre puissant.

On peut estimer à environ 93 millions de francs la dépense totale pour la construction du tunnel de 13.500 mètres, y compris les lignes d'accès à construire reliant Chamonix d'un côté, et Aoste de l'autre, aux entrées du souterrain, ainsi que les frais de formation du capital et les intérêts pendant le temps de la construction.

Sauf le grand souterrain pour lequel on peut avoir des données certaines et qui constitue la moitié de l'ouvrage total, il est impossible d'apprécier avec sûreté : sur le versant de l'Arve, la topographie est insuffisante, bien qu'elle soit un bon guide. Pour le versant de la Doire, les travaux que nous avons exécutés, conduisent à des résultats plus certains.

Le souterrain de faîte serait presque entièrement placé dans le granit talqueux (protagine de saussure) et c'est à peine s'il existera 1500 mètres de chaque côté en terrain métamorphique, sauf bien entendu l'existence possible mais peu probable d'irruptions intérieures qui seraient serpentines.

C'est là un avantage indiscutable et d'une grande valeur sur toutes les autres percées qui ont à pénétrer ou qui ont pénétré des roches métamorphiques amphiboliques ou serpentineuses d'une extrême dureté.

La protagine est une roche pleine, et, à en juger d'après l'usage que l'on en fait c'est le granit le plus facile à travailler. C'est dans les proportions de 1 à 2 ou 3 que se raisonnerait cette plus grande facilité relativement aux roches du Gothard et du Cenis.

Le souterrain du Gothard a été construit à 2.800 francs le mètre, non compris la voie et les maçonneries, soit 3.100 à 3.200 francs avec cette addition et le chemin complet est revenu à 3.800 francs le mètre.

Mais en tenant compte des progrès réalisés par l'invention des perforatrices hydrauliques et en se basant sur la construction du Simplon on peut aujourd'hui évaluer à 2.700.000 frs par kilomètre, la construction des souterrains dans le genre de ceux du Mont-Blanc, et à 500.000 francs par kilomètre pour les autres passages à ciel ouvert et les petites galeries.

Percement et installation du tunnel 13 k. 5 à 2.700.000 par km. . . .	36 440.000 fr.
Construction de 38 k. 5 de voie, y compris les petites galeries et les ouvrages d'art à raison de 500.000 fr. par kilomètres	19.250 000 fr.
Frais de Formation du capital	10 000.000 fr.
Intérêt du capital (5 o/o) pendant le temps de construction	27 000.000 fr.
Total	92.690 000 fr.

Les travaux de percement exigeraient une période de temps de cinq ans et le tunnel pourrait être livré à l'exploitation dans un délai de cinq ans et demi à partir du jour de la mise à exécution des travaux. Le tunnel du Simplon (19.730 mètres), a été construit en 8 ans.

CHAPITRE VI

Tracé du Chemin de fer de Chamonix à Aoste

Longueur totale . . . .   52.000 mètres
Longueur du grand tunnel . . . .   13.500   »
Point culminant dans le grand tunnel   1.080   »

PENTES

de Chamonix au point culminant.. . {
moyenne 0,38 0/0
maxima 0,50 0/0

du point culminant à Courmayeur. . {
moyenne 0,48 0/0

de Courmayeur à Aoste . . . . . . {
moyenne 1,35 0/0
maxima 1,48 0/0

De Chamonix à l'entrée du grand tunnel ce tracé parcourt 6 kil. 200 dont 3 kil. avec la pente de 0.50 0/0 et 3 kil. 200 avec la pente de 0.16 0/0. Il pénètre dans le grand tunnel au kil. 6.2 à l'altitude de 1050 mètres et franchit le point culminant au kil. 13.8 à 1080 mètres d'altitude. Il descend ensuite avec la pente de 0.48 0/0 pour sortir un peu en amont de Courmayeur au kil. 19.7 à 1050 mètres d'altitude, et atteint la station de Courmayeur au kil. 20.4 ; il franchit à nouveau la Doire sur un viaduc de 205 mètres de longueur et après avoir traversé trois tunnels mesurant ensemble 1700 mètres atteint la station de Morgex au kil. 26.5, à l'altitude de 951 mètres. Il traverse ensuite trois tunnels d'une longueur totale de 1450 mètres, franchit la Doire sur un pont de 125 mètres de longueur, traverse encore un tunnel de 346 mètres et refranchit la Doire sur un viaduc de 130 mètres de longueur ; il parcourt ensuite 6500 mètres avec la pente de

1.48 0/0, et atteint la station de Morgex au kil. 41 à 740 mètres d'altitude, après avoir traversé trois tunnels mesurant ensemble 1709 mètres et franchi de nouveau la Doire sur un viaduc de 200 mètres.

Il parcourt ensuire 11 kil. avec la pente de 1.27 0/0 et atteint enfin la station terminus d'Aoste à 600 mètres d'altitude, après avoir traversé trois tunnels d'une longueur totale de 1755 mètres.

Aux ouvrages d'art ci-dessus il faut ajouter :

Entre Chamonix et Courmayeur *un pont* de 11 mètres d'ouverture ; entre Courmayeur et Morgex *cinq ponts,* dont un de 14^{m}50, *deux* de 5 mètres et *deux* de 10 mètres maximum d'ouverture ; entre Morgex et Villeneuve *un pont* de 16 mètres, *deux* de 10^{m}50 et *un* de 5 mètres maximum d'ouverture, et enfin un viaduc de 22 mètres de longueur sur le Val Gissane.

CHEMIN DE FER DE CHAMONIX AAOSTE

KILOMETRES	LOCALITÉS CORRESPONDANTES	COTES DE LA VOIE
0.	Chamonix........	1045
6.200	Entrée du souterrain.................	1050
13.800	Point culminant....	1080
19.700	Sortie du souterrain.................	1050
20.400	Courmayeur (*Station*).	1050
26.500	Morgex (*Station*)....................	954
41.	Villeneuve	740
52.	Aoste.................	600

Comparaison des distances entre les diverses lignes de Paris à Milan

En supposant réalisé le percement du Mont-Blanc

les divers itinéraires

entre Paris et Milan seraient les suivants :

PARIS A MILAN

1°. — *a* Paris - Dijon - Modane-Mont-Cenis . . . . .   ~~837~~ k.

b Paris - Dijon - Pontarlier - **Neuchatel - Berne-Lœtschberg**-Simplon . . . . .   960 k.

c Paris-Dijon-Pontarlier- **Neuchatel-Berne-Lucerne-Gothard-Bellinzalla-Milan** . .   922 k.

d **Paris-Dijon-Genéve-Mont-Blanc** . . . .   815 k.

2°. — *a* Paris-Belfort-Delle-Berne-Lausanne-Simplon . .   991 k.

b Paris-Belfort-Delle - Berne-Lucerne - Gothard - Bellinzalla . . . .   967 k.

c Paris-Belfort-Delle-Bâle-Lucerne-Gothard - Bellinzalla . . . .   899 k.

d **Paris-Dijon-Genève-Mont-Blanc** . . . .   815 k.

Au point de vue des relations de l'Angleterre avec l'Italie et l'Orient, les divers itinéraires de Calais à Milan seraient les suivants :

CALAIS-MILAN PAR PARIS

1°. — *a*. Paris-Dijon-Mâcon-Modane-Mont-Cenis . . . .   1242 k

b Paris-Dijon-Pontarlier-Neuchâtel-Berne-Lausanne-Simplon . . . .   1255 k.

c Paris-Dijon-Pontarlier-Neuchâtel-Berne-Lucerne-Gothard-Chiasso-Milan . . . . . .   1217 k.

d **Paris-Dijon-Genève-Mont-Blanc** . . . . .   1110 k.

CHEMIN DE FER DU MONT·BLANC

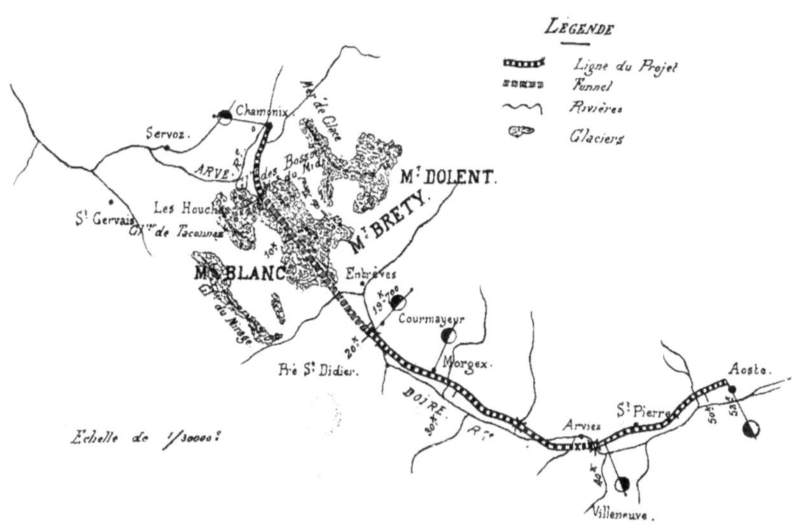

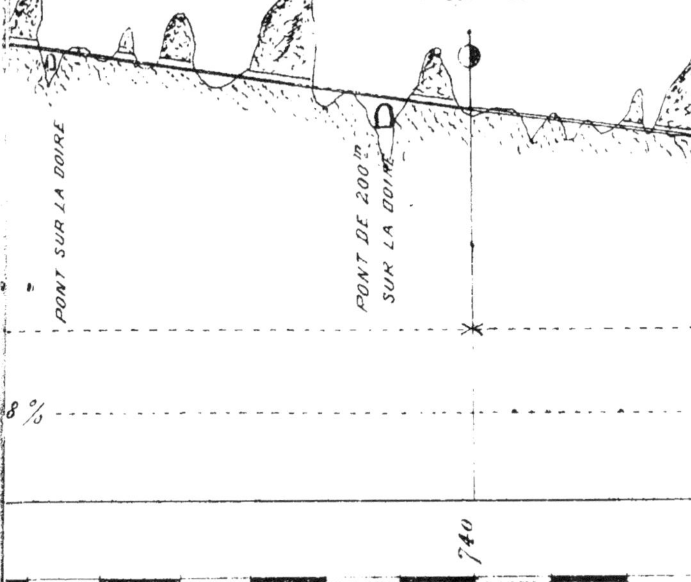

LANC
TUNNEL DE 346 m.
TUNNEL DE 306 m.
TUNNEL DE 508 m.
TUNNEL DE 895 m.
TUNNEL DE 600 m.
TUNNEL DE 155 m.
VILLENEUVE.
Station.
PONT SUR LA DOIRE
PONT DE 200 m. SUR LA DOIRE
8 %
740
35
40.

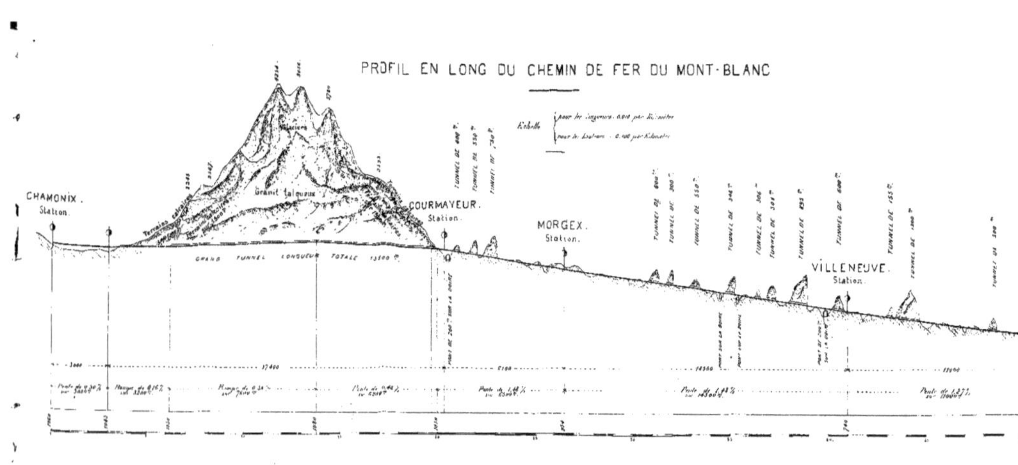

PROFIL EN LONG DU CHEMIN DE FER DU MONT-BLANC
CHAMONIX.
Station.
COURMAYEUR.
Station.
MORGEX.
Station.
VILLENEUVE.
Station.
GRAND TUNNEL LONGUEUR TOTALE 13500 m

TUNNEL DE 1300 ^{m}